AF305624

UNIVERSITÉ DE MONTPELLIER

CENTENAIRE

DE

VICTOR HUGO

(26 Février 1902)

DISCOURS

Prononcé par

EUGÈNE RIGAL

PROFESSEUR A LA FACULTÉ DES LETTRES DE L'UNIVERSITÉ

MONTPELLIER

IMPRIMERIE SERRE ET ROUMÉGOUS, RUE VIEILLE INTENDANCE, 5

1902

CENTENAIRE

VICTOR HUGO

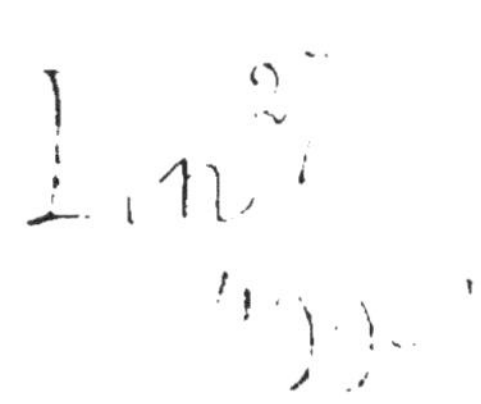

UNIVERSITÉ DE MONTPELLIER

CENTENAIRE

DE

VICTOR HUGO

(26 FÉVRIER 1902)

DISCOURS

Prononcé par

EUGÈNE RIGAL

PROFESSEUR A LA FACULTÉ DES LETTRES DE L'UNIVERSITÉ

MONTPELLIER

IMPRIMERIE SERRE ET ROUMÉGOUS, RUE VIEILLE INTENDANCE, 5

1902

Monsieur le Recteur,

Mesdames,

Messieurs,

Un des plus illustres enfants de notre ville de Montpellier, le philosophe dont le buste orne la première cour de notre palais universitaire, Auguste Comte, alors qu'il voulait fonder une religion de l'humanité, proposait que l'on fêtât tous ceux auxquels, à un titre quelconque, cette humanité était redevable. Même si l'on ne songe aucunement à s'enrôler parmi les fidèles de cette religion nouvelle, on peut trouver l'idée heureuse, et se réjouir de voir que, tout en la modifiant et en la restreignant comme il était naturel de le faire, nous prenons l'habitude de l'appliquer. La reconnaissance est une vertu dont les peuples n'ont pas plus que les individus le droit de se dispenser, et c'est une vertu qui, le plus souvent, porte avec elle sa récompense. A célébrer les plus marquants d'entre les écrivains, les savants, les artistes, les politiques, on gagne de les mieux apprécier, de s'enthousiasmer pour leur œuvre, de leur dérober parfois quelque étincelle du feu sacré qui les animait. Et quelle joie ce serait pour les hommes de bonne volonté, si tous les esprits, si toutes les âmes, dans une nation et en dehors même de cette nation, pouvaient, en ces jours de fête, se trouver unis par un même sentiment de respect et de gratitude!

Aussi cette unanimité, qui paraît avoir fait défaut à Michelet il y a quatre ans, je souhaite ardemment que Victor Hugo l'obtienne aujourd'hui. Mais, si désirable que soit ce résultat, il ne saurait être question, pour y aider, ni de manquer à la vérité, ni d'offenser la mémoire de celui même que nous nous sommes proposé d'honorer. Hugo, comme Michelet, a eu un génie trop audacieux pour ne pas effaroucher des esprits timides; il a pris parti dans des querelles encore trop brûlantes pour ne s'être pas fait d'ardents ennemis. Sans doute, nul ne songe à refuser au grand poète son admiration; mais ceux-ci la lui mesurent avec trop de parci-

monie ; et ceux-là, quand ils admirent une partie
de l'œuvre, condamnent l'autre avec àpreté, et surtout prennent plaisir à dénigrer l'homme et sa vie.
Si donc, pour rallier certains suffrages, il ne suffit
pas qu'une étude sur Victor Hugo soit sincère et
signale équitablement les ombres à côté des rayons
qui émanent de cette gloire, s'il faut encore qu'elle
tronque brutalement l'œuvre et, pour le moins,
feigne d'ignorer de l'homme ce qui l'a le plus
occupé et le plus passionné, quelque modeste et
respectueuse de toutes les opinions que veuille être
notre étude, à coup sûr elle ne le fera pas.

I

Aucune vie peut-être n'a été, plus que celle de
Victor Hugo, soumise aux investigations d'une
critique minutieuse, habile, malveillante. En con-
trôlant tout ce qu'il a écrit, en comparant tout ce
qu'il a dit aux moments les plus divers de son exis-
tence, en fouillant indiscrètement dans sa pensée
pour y trouver ce qu'on prétend qu'il y cachait, on
a dressé contre lui un réquisitoire passionné, dont
l'excuse est que, d'autre part, le poète était l'objet

des plus plats et des plus emphatiques panégyriques. En butte à des amis si maladroits et à des ennemis si «sages», quelle réputation n'aurait couru grand risque? Aussi celle de Victor Hugo, considéré comme homme, a-t-elle pu naguère paraître à beaucoup fort compromise. Mais l'heure de la justice commence à sonner. On reconnaît que, si Victor Hugo a eu ses mesquineries et ses faiblesses — ses faiblesses graves, quelquefois — et si son caractère n'était pas à la hauteur de son génie, cependant il a été singulièrement plus noble que ses portraitistes, ou ses caricaturistes, ne voulaient nous le faire croire. Pour un homme léger, ou égoïste, ou sans franchise, comme on nous dépeignait Hugo, la publication de sa correspondance est le grand écueil : c'est sous leur correspondance que les Zoïles écrasent un Cicéron et un Voltaire. Or, la correspondance de Victor Hugo, incomplète, il est vrai, mais sur bien des points tout à fait suffisante et décisive, nous l'a montré, dans plusieurs circonstances délicates, dévoué, généreux, sincère à un degré qui ne pouvait être soupçonné. On s'était évertué à bien distinguer du poète, fécond en belles pensées, l'homme, fertile, assurait-on, en petits calculs : la correspondance les a rapprochés, et nous voyons clairement quel parti pris ou quelle inintelligence il avait fallu pour ne jamais expliquer par la poésie les illusions et les erreurs, aussi bien que les desseins louables de celui qui fut si foncièrement un poète.

Quel rôle, par exemple, n'a pas dû jouer la poésie dans l'évolution politique de Victor Hugo! Un admirateur du poète, M. Stapfer, remarquant la puissance étrange qu'avait le mot sur son imagination,

Car le mot, qu'on le sache, est un être vivant :
La main du penseur vibre et tremble en l'écrivant.

a été jusqu'à soutenir, il y a quelques mois, que tous les changements politiques du poète avaient été déterminés par la substitution dans son esprit de certains mots à certains autres comme évocateurs d'images et de développements poétiques. Après avoir vibré aux mots de *foi* et d'*honneur*, le poète aurait vibré aux mots de *liberté* et de *Révolution*, et dès lors des images nouvelles auraient surgi, des développements nouveaux se seraient épandus, et, ce qui n'était que des thèmes pour sa fécondité verbale, Hugo l'aurait pris pour des conceptions de sa raison. Étrange apologie, qui assi-

mile par trop le génie à une maladie mentale et qui
n'explique point pourquoi le mot évoque des images
si justes et en revêt des idées si nettes, parfois si
profondes. Mais il est très vrai qu'une idée noble,
alors surtout qu'elle est enchâssée dans un beau
mot ou qu'elle s'épanouit dans une éclatante image,
exerce infiniment plus de séduction sur un poète
que sur un froid politique ; et c'est vraiment s'exposer à de fâcheuses méprises que de chercher
toujours à quel inavouable mobile le poète a obéi
quand il a modifié son attitude et sa conduite.

Victor Hugo écrivait en 1822 : « L'histoire des
hommes ne présente de poésie que jugée du haut
des idées monarchiques et des croyances religieuses » ; et ces idées, ces croyances, il pensait
se les être données en toute spontanéité ; mais il
tenait les unes de sa mère, les autres de Chateau-
briand, et c'est à la faveur de l'amour et de l'admiration qu'elles avaient pénétré en lui. Le père
du poète, l'ancien soldat de la Révolution et de
l'Empire, le général Hugo ne s'y trompait point :
« Laissons faire le temps, disait-il, l'enfant est de
l'opinion de sa mère, l'homme sera de l'opinion du
père » ; et, en effet, dans les écrits du jeune jaco-
bite, un certain libéralisme perçait déjà. Bientôt,

ce fut le révolutionnaire et le démocrate qu'en dépit de certaines apparences il fut facile de sentir en lui.

En 1829, il avilissait Louis XIII et Richelieu dans *Marion de Lorme* ; en 1831, il maudissait les rois, oppresseurs de peuples, dans *les Feuilles d'Automne* ; en 1832, il écrivait à Sainte-Beuve : « Nous aurons un jour une république et, quand elle viendra, elle sera bonne. Mais ne cueillons pas en mai le fruit qui ne sera mûr qu'en août. Sachons attendre. La République proclamée par la France en Europe, ce sera la couronne de nos cheveux blancs ». En 1834, il écrivait à un autre : « Concourons ensemble tous à la grande substitution des questions sociales aux questions politiques ». En 1848 — hâtons-nous — il fondait le journal *l'Événement*, auquel il donnait cette épigraphe : « Haine vigoureuse de l'anarchie, tendre et profond amour du peuple » ; il disait à la Constituante : « La question est dans le peuple...., dans ceux qui souffrent, dans ceux qui ont froid et qui ont faim » ; et, s'il commit alors la faute de soutenir la candidature à la présidence de la République du prince Louis-Napoléon, qui niera le poids qu'avait dû avoir sur ses résolutions le constant souci du peuple

qu'affichait le héros de Strasbourg et de Bou-
logne ?

Dès 1849, l'attitude de V. Hugo est pour toujours fixée : désormais, il est l'ardent serviteur
du droit contre la loi ; il est le chaleureux défen-
seur des misérables et des opprimés ; il est le
démocrate passionné à qui les crimes des rois
paraissent chose normale, mais pour qui l'idée d'un
crime commis par le peuple est une torture ; il est
le républicain aux vastes espoirs auquel une république française ne suffit point et qui plante
solennellement le chêne des États-Unis d'Europe ;
il est le « fauve » adversaire de la tyrannie qui,
pendant dix-huit années — les « années funestes »,
— dans un isolement stoïque et orgueilleux, lance
contre l'Empire triomphant son incessante protes-
tation :

Un Français, c'est la France, un Romain contient Rome,
Et ce qui brise un peuple avorte aux pieds d'un homme.

Que cette évolution politique de V. Hugo ait été
favorisée par l'évolution même du pays, quoi de
plus naturel ? Le poëte n'avait-il pas dit de lui-
même :

Tout souffle, tout rayon, ou propice ou fatal,
Fait reluire et vibrer mon âme de cristal.
Mon âme aux mille voix, que le Dieu que j'adore
Mit au centre de tout comme un écho sonore !

Qu'après avoir parlé en termes si dédaigneux de
la popularité :

La popularité, c'est la gloire en gros sous.

le poète ait fait quelque chose pour elle, comme
pour l'ambition, comme pour l'intérêt, il se peut
encore. Mais ce n'est ni par intérêt, ni par ambition qu'on s'attache à une cause alors qu'on la sent
perdue ; ce n'est pas parce qu'on a soif de popularité qu'on maudit l'Empire devant les 7.500.000
voix qui l'acclament, ou qu'on crie de plus en plus
haut sa foi absolue en Dieu et en sa providence au
sein d'un parti qui, de plus en plus, incline au
positivisme ou à l'athéisme. Le génie du poète a,
comme un fleuve, suivi sa pente ; le Victor Hugo de
1851 — ou de 1885 — était latent et on pouvait
le deviner déjà dans le Victor Hugo de 1832 :
un détracteur sournois de Victor Hugo, un sénateur
de l'Empire, Sainte-Beuve, l'a reconnu tardive-
ment.

Il est vrai qu'au défaut du politicien versatile

et intéressé, on incrimine le rhéteur. De beaux
thèmes poétiques, des prétextes à faire couler de
sa veine intarissable ces torrents de mots, de
rimes, d'images, qui nous entraînent d'abord et
nous étourdissent ensuite, voilà, pour un certain
nombre de critiques, ce qu'a toujours cherché
V. Hugo. Il se peut, disent-ils, qu'on ait tort de
voir dans sa conduite tant de calculs et d'arrière-
pensées ; mais ce qu'il a décoré du nom de
principes et d'opinions, ce sont les besoins de sa
muse, et il n'a eu d'autre sincérité que celle de
l'avocat qui désire gagner sa cause ou celle de
l'artiste qui veut faire admirer sa virtuosité.

Un rhéteur, oui certes, Victor Hugo l'a été,
un rhéteur puissant et magnifique, en ce sens qu'il
s'emparait avidement des sujets qui lui devaient
être le plus propices ; qu'il développait ses idées
avec un art complaisant ; qu'il se grisait volontiers
de sa propre poésie et, comme l'a dit un de ses plus
spirituels ennemis, qu'il abusait parfois de la rime
jusqu'à ce qu'elle lui montât au cerveau. Mais,
s'il a ainsi passé en revue tous les lieux communs
qu'il est loisible à un poète d'orner et de rajeunir,
n'est-il pas vrai qu'il a cru, alors qu'il les traitait,
à ces lieux communs mêmes, et qu'il a eu aussi

des doctrines à lui, dont sa rhétorique n'était que la docile et ingénieuse servante ? N'est-il pas vrai que, sauf peut-être un instant, au moment des *Orientales*, il a toujours combattu la théorie de l'art pour l'art, qu'il s'est de plus en plus attribué une mission, et que la netteté forte, l'accent pénétrant, l'éloquence sublime avec lesquels il a soutenu certaines idées ou traduit certains sentiments nous sont des garants sûrs de sa bonne foi ?

Seulement, il ne faut pas exiger d'un poète, en qui prédominait à un si merveilleux degré l'imagination, que ses doctrines aient été aussi arrêtées dans leurs contours que celles d'un philosophe constructeur de systèmes : la philosophie de Hugo est comme un ciel régi par des lois en formation encore, où, autour de quelques astres brillants et fixes, quantité d'autres librement circulent et se remplacent. Ni l'illogisme, ni les contradictions n'étaient pour beaucoup effrayer un imaginatif, qu'ont tour à tour séduit les théories les plus diverses, et qui s'est enthousiasmé pour la métempsychose comme pour le spiritualisme traditionnel, pour la liberté morale des animaux comme pour leur communication passive et mystérieuse avec la divinité.

Sur de telles contradictions il y aurait quelque pédantisme à insister; mais il en est une plus fâcheuse, et que les détracteurs de Victor Hugo n'ont eu que trop de facilité à relever : c'est celle qui existe entre deux attitudes peu conciliables du poète, écrivant successivement *Dieu* ou *la Fin de Satan* et *les Chansons des rues et des bois*, mettant dans le même recueil *Dieu est toujours là* et l'immorale pièce *A Olympio*, faisant se heurter constamment (dans *les Quatre vents de l'esprit*, par exemple) une sorte de Dante farouche avec une sorte de Béranger grivois. Tantôt le poète s'écrie : «Je suis le souffle des douleurs, la bouche du clairon noir... Je suis Jean, j'ai vu les choses sombres», et Veuillot ricane: «Jocrisse à Pathmos!»; tantôt il chante Lise ou Rose et se complaît à je ne sais quelle gaieté grossière : « Géronte à Paphos! » ricane M. Biré. Critiques excessives, parce qu'elles ne tiennent compte ni des visions saisissantes et des fantaisies exquises que ses deux inspirations dictent au poète, ni de l'excuse qu'il a lui-même formulée quelque part avec justesse :

L'âme humaine est sans cesse en tous les sens poussée.

Mais un critique ne serait pas digne de louer les

vraies beautés de V. Hugo, s'il ne se déclarait choqué, lui aussi, par de pareils contrastes et s'il n'avouait hautement que, dans l'œuvre immense d'un si fécond écrivain, il y a des parties regrettables, des parties caduques, des parties que la postérité peut dès maintenant sacrifier, comme elle sacrifie de nombreux ouvrages écrits par des auteurs auxquels elle rend cependant un éclatant hommage. Quand un sacrifice de ce genre aura été fait pour V. Hugo, en sera-t-il moins évident qu'il a joué un rôle capital dans l'histoire littéraire du XIXᵉ siècle, qu'il a apporté à notre littérature des éléments nouveaux par lesquels la gloire de cette littérature a été encore rehaussée dans le monde, et que nous devons tous une reconnaissance profonde à celui qui nous a rendu familières et précieuses à la fois tant d'idées nobles et généreuses ?

II

Le rôle littéraire qu'a joué V. Hugo est si universellement connu qu'il serait sans doute inutile d'employer un long temps à l'examiner. Il n'est pas de genre poétique auquel il n'ait touché et sur lequel il n'ait imprimé sa main puissante ; en prose, il a laissé sa trace lumineuse dans le roman, le pamphlet, la critique, les récits de voyage, les mémoires historiques, l'éloquence, la philosophie même. Baudelaire l'a dit : « C'est un génie sans frontières ».

Il est vrai que, partout ou presque partout, il a eu des précurseurs, qu'on a pris plaisir à lui opposer. Avant lui, Lamartine avait créé la grande poésie lyrique. Avant lui, Népomucène Lemercier, Casimir Delavigne et Dumas avaient créé le drame, dont Mme de Staël, Manzoni et d'autres avaient esquissé la théorie. Avant lui, Vigny, Lamartine, Soumet s'étaient adonnés à la poésie épique. *Notre-Dame* est postérieure aux romans de Walter Scott et à la *Chronique du règne de Charles IX;* et l'on veut même que le roman social des *Misérables* ait été inspiré par le désir de rivaliser avec ceux d'Eugène Sue. Tout cela est vrai, ou tout cela peut être vrai, et je ne vois pas que la gloire de V. Hugo en soit sérieusement diminuée. S'il a eu des devanciers, autant en est-il arrivé aux plus grands génies, et qui passent pour les plus originaux : à Platon comme à Kant, à Phidias comme à Michel-Ange, à Shakespeare comme à Corneille. Mais au théâtre, dont je parle d'abord parce que c'est au théâtre que d'abord Hugo a renoncé, qui donc a fourni aux jeunes romantiques la première œuvre qu'ils ont vraiment admirée et le premier manifeste d'après lequel ils ont juré ? « La préface de *Cromwell* rayonnait à nos yeux comme les Tables de la Loi sur le Sinaï », a dit Th. Gautier ; et ailleurs : « Pour cette génération, *Hernani* a été ce que fut *le Cid* pour les contemporains de Corneille ». Hélas ! la préface de *Cromwell* a aujourd'hui perdu beaucoup de son éclat fulgurant, et *le Cid* de 1830 a plus de rides que celui de 1636, mais ce n'en est pas moins à *Hernani* et à la préface que l'on doit la libération définitive de l'art dramatique, la disparition des tragédies lamentables dont les auteurs imitaient Voltaire, lequel avait imité Corneille ; le triomphe au théâtre de la couleur historique et de la poésie. On peut dire beaucoup de mal du drame romantique : mais *Hernani* et *Ruy Blas* vivent encore, il se peut que *les Burgraves* ressuscitent, et l'on admirera toujours les coups de théâtre de *Lucrèce Borgia* ou de *Marie Tudor*, les couplets de doña Sol et les plaintes de don Ruy Gomez, les démêlés de Magnus et de Job avec le mendiant impérial.

Comme poète lyrique, quelle admirable carrière avait déjà parcourue V. Hugo, quand il parut renoncer à la poésie après *les Rayons et les Ombres*, en 1840 ! L'enfant sublime des *Odes et Ballades* avait fait place au peintre hardi, au musicien prestigieux des *Orientales*. Après quoi étaient venus les tableaux d'intérieur délicieux ; les variations brillantes sur divers thèmes politiques, religieux ou moraux ; les lamentations magnifiques plus encore que touchantes sur les marins sombrés dans les nuits noires ou les dynasties renversées par le vent des Révolutions ; enfin ces poèmes si riches, *la Tristesse d'Olympio*, par exemple, où l'artiste fait concourir à une même fin toutes les ressources de sa lyre. Ceux qui voyaient paraître ces belles œuvres juraient que le poète était incapable de monter plus haut ; et même, quand le progrès fut accompli, leur prévention avait été telle, qu'ils nièrent pour la plupart le progrès auquel ils venaient d'assister. Et cependant, quelle distance entre *les Rayons et les Ombres* et *les Contemplations !* La mort était traîtreusement entrée dans la maison du poète et lui avait arraché le plus poignant comme le plus parfait des poèmes de la douleur ; la loi et le droit avaient été cyniquement violés devant lui, et sa révolte morale l'avait amené à sonder plus profondément qu'il ne l'aurait jamais fait sans cela quelques-uns des plus irritants problèmes qui se posent à l'humanité ; l'exil l'avait jeté dans une solitude, en face de l'Océan, et, *au milieu de cette sombre nature, il se sentait attiré souverainement ou entraîné vers les ombres éblouissantes de l'infini.*

Quand il renouvelait et approfondissait ainsi la poésie lyrique, V. Hugo avait déjà créé une nouvelle espèce de satire. Tout n'est certes pas à admirer dans *les Châtiments* : les personnalités blessantes et parfois hasardées y abondent trop, à notre goût ; l'injure y déborde. Mais quel emploi étonnamment sûr des diverses variétés de la satire, telle qu'elle était pratiquée auparavant ! Et surtout quel élargissement du genre par l'introduction du drame, de l'épopée et du lyrisme ! L'esprit reste confondu à voir sous quelles formes variées notre satirique, qui a la naïveté de se comparer à Juvénal, a réussi en quelques mois à présenter la même malédiction, et de quelle suprême beauté sont revêtus tant de poèmes, qui pourtant se précipitaient hors de l'esprit du poète aussi enflammés que la lave hors du volcan ou le métal en fusion

hors des hauts fourneaux. Et si, dans *les Châtiments*, la satire a ainsi changé de forme, elle ne
s'est pas moins modifiée en son fond :

> Il lui faut, pour gronder et planer largement,
> Tout le peuple sous elle, âpre, vaste, écumant ;
> Ce n'est que sur la mer que le vent est à l'aise.

En elle, maintenant, la haine est d'ailleurs dou-
blée d'amour : amour pour le droit et la liberté ;
amour pour le peuple et pour les victimes de l'op-
pression ; amour pour les grands principes qui,
malgré leur éclipse passagère, rayonneront ; amour
pour le progrès qui, malgré les attentats, est en
marche.

Il y a de la satire, comme il y a du lyrisme,
comme il y a du drame, dans l'épopée telle que
V. Hugo l'a ensuite conçue et exécutée dans *la
Légende des Siècles*, en 1859. Et c'est bien de
l'épopée pourtant ; et, en dépit des innombrables
essais qui l'ont précédée, en dépit des innombrables
imitations qui l'ont suivie, *la Légende des Siècles*,
complétée par ses nouvelles séries de 1877 et de
1883, agrandie par cette introduction et cette con-
clusion grandioses : *Dieu* et *la Fin de Satan*, reste
la principale, sinon la seule épopée que la France

ait produite depuis la vaste éclosion épique du moyen âge. Sans doute, on peut lui reprocher de ne pas former un poëme suivi, d'avoir un plan irrégulier où les répétitions ne sont pas moins sensibles que les lacunes, de substituer trop souvent à la vérité historique des erreurs ou des fantaisies. Mais le sujet en est magnifique, puisqu'il consiste à montrer « l'épanouissement du genre humain de siècle en siècle, l'homme montant par degrés des ténèbres à l'idéal, la transfiguration paradisiaque de l'enfer terrestre, l'éclosion lente et suprême de la liberté, droit pour cette vie, responsabilité pour l'autre » ; le héros en est éminemment intéressant, puisqu'il n'est pas moins que « cette grande figure une et multiple, lugubre et rayonnante, fatale et sacrée, l'Homme » ; la lutte décrite est émouvante, puisque c'est celle du bien et du mal, sans cesse aux prises dans le monde ; çà et là, des éclairs de génie illuminent l'histoire du passé ou nous donnent l'illusion que nous voyons celle de l'avenir ; une métaphysique un peu nuageuse mais noble élève l'œuvre ; de bienfaisantes idées morales la soutiennent ; d'admirables récits nous enchantent ; et de la tête étonnamment épique du poëte jaillissent en foule, en plein XIXe siècle, ces incidents merveil-

ieux, ces mythes, ces personnifications, ces symboles, ces images qui étaient la vie même de
l'épopée aux temps primitifs de la poésie.

Victor Hugo, dont on a parfois nié qu'il fût
épique, n'a pu s'empêcher de l'être même en prose,
et il a créé le roman épique. Déjà, en 1831, il y
avait de l'épopée dans ce roman de *Notre-Dame*,
où le vieux Paris grouille partout si curieusement
et où la gigantesque cathédrale semble vivre d'une
vie mystérieuse. Quarante-trois ans plus tard, il y
avait plus d'épopée encore dans *Quatre-vingt-treize*,
où ce qu'on a appelé la religion de la Révolution est
si fortement marqué, et dont les personnages sont
si représentatifs : Lautenac, l'ancien régime, élé-
gant, froid et féroce ; Cimourdain, le jacobinisme,
c'est-à-dire toute l'intolérance et toute la férocité de
l'ancien régime employées à le combattre ; Gauvain,
l'esprit nouveau, c'est-à-dire la liberté, la fraternité, le rêve généreux, que la Révolution traque
d'abord, mais qu'elle a engendrés et auxquels elle
seule permettra de croître. Et, entre les deux, c'est
l'Homme qui rit, symbole du peuple déformé par
ses maîtres ; ce sont *les Travailleurs de la mer*,
duel de l'homme et de l'Océan ; ce sont *les Misérables* surtout, ce livre « énorme », comme aurait

pu dire V. Hugo lui-même, où le roman-feuilleton coudoie l'épopée; où, mêlées à un guide des égouts parisiens, se lisent des études sociales éminemment dignes d'attention; où les pages étranges ne manquent pas, mais où les pages sublimes abondent; et où trouvent également leur butin le simple ami du beau, l'historien, le moraliste, le philosophe.

Permettez-moi d'arrêter ici cette revue de l'œuvre de V. Hugo, et de ne parler ni de l'émotion angoissante du *Dernier jour d'un Condamné*, ni de l'ironie amère dont est plein *Napoléon le Petit*, ni de l'éloquence apprêtée, mais souvent saisissante, des *Actes et Paroles*, ni des jugements, tantôt bizarres, tantôt originaux et profonds, de *William Shakespeare*, ni des éblouissantes descriptions des *Voyages*, ni des croquis piquants qui forment les *Choses vues*, ni des réflexions lumineuses qu'on lit en cent endroits du *Post-scriptum de ma Vie*.

Le premier volume de V. Hugo a paru en 1822; le dernier — sera-t-il bien le dernier? — a paru ces jours-ci même, quatre-vingts ans plus tard. Presque au début du XIXᵉ siècle, alors que la vie littéraire ressemblait à une bataille rangée, c'est aux sons du cor d'Hernani que les romantiques se sont ralliés pour la lutte ; au début du XX° siècle, alors que, dans une confusion profonde, notre poésie cherche sa voie, de la tombe illustre où le grand vieillard s'est couché d'utiles conseils sortent encore et parviennent à se faire entendre. Aussi, si les haines politiques et religieuses n'ont pas désarmé, les colères, les jalousies, les dénigrements littéraires peu à peu s'apaisent. Elles se sont tues, les railleries qui, selon le mode antique, accompagnèrent le char du triomphateur Hugo en 1881 ; ils se sont tus, les sifflets qui, lors des inoubliables funérailles de 1885, se mêlèrent à des fanfares peut-être trop éclatantes. Longtemps, toujours — et cela est bon — on discutera sur cette gloire (sont-elles vivantes, les gloires qui ne suscitent aucun dissentiment ?). Mais le vieux lutteur a enfin vaincu ; mais dans le sillon que, durant une longue vie de labeur, il a infatigablement creusé, toute une moisson pousse, que la postérité vient recueillir. L'immense orgueil de Hugo commencerait sans doute à être satisfait.

III

Dans cette œuvre si vaste, où, à côté de défauts éclatants, tous les genres de beautés resplendissent, même ceux dont les critiques ont le plus déclaré que le génie du poète était incapable, il y a peut-être quelque présomption et, à coup sûr, il y a de nombreuses chances d'erreur à chercher ce qui a été le plus nouveau, le plus caractéristique et le plus précieux, ce qui, pour user de l'expression chère à Nisard, a le mieux constitué des gains pour notre littérature française, déjà si ancienne et si riche. Pourquoi ne pas l'essayer pourtant? Et si, d'aventure, un critique à l'esprit étroitement classique, comme Nisard, nous reprochait de prendre parfois pour des gains ce qui constitue plutôt des pertes, puisque la belle limpidité de notre langue et la belle transparence de l'esprit français y sont compromises, nous lui répondrions qu'on peut à la fois admirer Racine et V. Hugo, qu'on peut goûter les paysages calmes et précis des fables de La Fontaine, et les visions terribles et cahotiques du *Titan* et du *Parricide*, et qu'un des

premiers gains dont nous soyons redevables aux
novateurs, c'est précisément d'élargir notre goût
en nous rendant aptes à comprendre et à aimer ce
qui eût plongé dans l'effarement un Boileau ou un
Voltaire.

Qui, par exemple, n'a peine à croire aujourd'hui
que la versification de Hugo a longtemps passé pour
rocailleuse et sa langue pour peu française? Hugo a
un sentiment musical presque infaillible ; dans ses
pièces lyriques, si variées de forme, il adapte à
merveille sa strophe à l'idée qu'elle doit rendre;
il double, il décuple l'effet de ce qu'il dit par la
caresse, ou l'énergie, ou l'emportement des ryth-
mes au moyen desquels il le dit ; tous les poètes
chez qui on a vanté quelque mérite particulier
trouvent en lui un rival pour ce mérite même, pendant que pour certaines de ses trouvailles ryth-
miques il reste lui-même incomparable. Mais,
comme l'a dit fort justement M. Faguet : « Hugo
n'aurait pas besoin de vers lyriques. Il chante en
alexandrins avec une liberté souveraine. Il a fait
en variant les coupes de l'alexandrin juste ce que
La Fontaine a fait en se servant de vers libres ».
Révolution profonde, et d'autant plus durable
qu'elle a été — si les deux mots peuvent s'accou-

pler — plus conservatrice, qu'elle a paru garder plus fidèlement tous les éléments du vers antérieur. Aussi, qu'avons-nous vu dans ces dernières années? Des poètes jeunes et ambitieux, avec une belle fureur d'iconoclastes, ont voulu renverser ce vers de *la Légende des Siècles*, où toute la science de la versification était ramassée. Ils ont multiplié les formes du vers, et ils ont même proclamé leur intention d'enlever au vers toute forme reconnaissable.... Nous n'avons fait que passer, et la rythmique nouvelle n'était déjà plus. Les vrais poètes en revenaient peu à peu au vers de Hugo, sur quelques points de détail plus ou moins heureusement modifié. Bientôt le vers amorphe sera abandonné à M. Franc-Nohain.

Quand il a composé sa langue, Hugo ne s'est pas montré un artiste moins puissant que quand il a composé son vers. Certes, elle est à certains égards bien peu classique, cette langue dont le vocabulaire, aussi étendu que celui d'un Rabelais, mêle les mots familiers aux mots nobles, les mots techniques aux mots généraux, les archaïsmes ou, plus rarement, les néologismes aux mots que l'usage a consacrés ; où ces mots ont souvent des acceptions nouvelles, où ils sont employés d'une façon plus libre et plus souple, où surtout, s'ils ne cessent pas de marquer les relations et les idées traditionnelles, ils servent aussi d'images et de symboles ; où on les sent vibrer, comme la main qui les a écrits, sous l'influence d'un sentiment mystérieux. Mais, réserves faites pour les taches inévitables, c'est avec un tact admirable que l'écrivain dose ses vocables de provenances différentes, qu'il étend les acceptions en s'appuyant sur l'étymologie ou l'analogie, qu'il renverse les barrières pédantesques opposées au génie par les grammairiens. Quant aux images, aux symboles, aux mythes, comment ne les mettrait-il pas dans les mots, puisqu'il en voit partout ! Les mots, chez lui, ont une physionomie mystérieuse : mais c'est parce qu'il sent partout le mystère. Et ainsi, Hugo a d'abord enrichi la langue par un habile effort d'artiste ; il l'a ensuite enrichie, comme inconsciemment, dans la mesure où il a enrichi la littérature elle-même par ses qualités de peintre, de songeur et de voyant.

Si la carrière de V. Hugo s'était fermée avant 1851, il tiendrait une belle place parmi les peintres de la nature, mais peut-être n'aurions-nous pas à nous demander ce que notre littérature lui doit à

ce titre de nouveau et de fécond. Avec plus de
vérité précise, avec plus d'éclat, avec plus de
variété, mais avec moins de pénétrante tendresse
et de noble idéalisme, c'est à l'œuvre de Lamartine
que V. Hugo aurait collaboré. Le déchirement que
lui a causé la mort de sa fille, le trouble moral où
l'a jeté le coup d'État, le bondissement incessant
des flots autour du belvédère où il écrivait pendant
son exil, l'égarement sublime et, comme il dit, la
fumée du buisson ardent, qui se dégage de la solitude, voilà ce qui en lui a complété le peintre,
affiné ou exaspéré la sensibilité de l'amant de la
nature, créé le visionnaire et le prophète. L'œil de
V. Hugo voit avec une singulière acuité — et son
art rend avec un extraordinaire bonheur — les spec-
tacles divers qui s'offrent à lui, les plus grandioses
surtout: le ciel infini, la montagne et l'Océan. Mais
l'imagination du poëte ne saurait se contenter longtemps de la réalité ; mais son inquiétude ne saurait
s'accommoder de l'inertie et de l'indifférence des
choses ; mais l'obsession du divin le poursuit et
lui fait voir tous les êtres comme agités par le
souffle de Dieu ; mais sa soif du mystère fait qu'il
s'obstine à vouloir percer l'impénétrable, connaître
l'inconnaissable, voir l'invisible. Et dès lors, voici

que les objets se transforment ; que l'inanimé s'ani-
me et s'emploie à servir ou à égarer l'homme ; que
des rapports étranges s'établissent entre le monde
matériel et le monde moral ; que la pierre sent, le
bronze se meut, l'animal, la prunelle dilatée, s'ar-
rête devant une puissance céleste qu'il perçoit,

> Toutes nos passions sont des bêtes rôdant
> Dans la lividité des blêmes crépuscules.

Et, par moments, sous le regard comme magique
de Hugo, tout s'amplifie, se déforme, perd ses
contours, passe à l'état d'abstraction, mais d'abstraction qui se meut, d'abstraction qui vit, d'abstraction où l'on sent encore une volonté sourde et
redoutable.

Entre la nature et Dieu, toujours également pré-
sents à son esprit, le poète se sent un intermédiaire,
un confident, satisfait parfois, souvent aussi attristé
par les réticences qu'il devine ; il est un prêtre, il
est un «mage», tantôt éclatant en hymnes de reconnaissance, tantôt adressant des reproches à son
Dieu comme un Ézéchiel ou un Jérémie. Laissez-
moi, pour vous reposer de toutes ces analyses, vous
citer un des endroits où Hugo s'apaise, et où son

rôle de prêtre et de mage ne lui inspire qu'effusions
et que douceur :

Dieu ! que les monts sont beaux avec ces taches d'ombre !
Que la mer a de grâce et le ciel de clarté !
De mes jours passagers que m'importe le nombre !
Je touche l'infini, je vois l'éternité.

Orages ! passions ! taisez-vous dans mon âme !
Jamais si près de Dieu mon cœur n'a pénétré.
Le couchant me regarde avec ses yeux de flamme,
La vaste mer me parle et je me sens sacré.

Béni soit qui me hait et béni soit qui m'aime !
A l'amour, à l'esprit, donnons tous nos instants.
Fou qui poursuit la gloire ou qui creuse un problème !
Moi, je ne veux qu'aimer, car j'ai si peu de temps.

L'étoile sort des flots où le soleil se noie :
Le nid chante ; la vague à mes pieds retentit ;
Dans toute sa splendeur le soleil se déploie.
Mon Dieu ! que l'âme est grande et que l'homme est petit !

Tous les objets créés, feu qui luit, mer qui tremble,
Ne savent qu'à demi le grand nom du Très-Haut.
Ils jettent vaguement des sons que seul j'assemble ;
Chacun dit sa syllabe, et moi je dis le mot.

Ma voix s'élève aux cieux, comme la tienne, abîme !
Mer, je rêve avec toi ! Monts, je prie avec vous !
La nature est l'encens, pur, éternel, sublime ;
Moi, je suis l'encensoir intelligent et doux.

Cette sérénité est rare chez Hugo, et ce qu'il éprouve le plus souvent devant la nature, c'est ce qu'il a lui-même appelé une *horreur sacrée*. Dans ces flots, qui sont pour lui des hydres incessamment mouvantes ; dans ces vents, où il entend aboyer l'*immense canaille de l'ombre ;* dans ces espaces infinis, dont le silence éternel effrayait Pascal, mais où il saisit, lui au contraire, toutes sortes de voix et de *huées* ; dans cette ombre universelle, où la lumière n'est qu'un accident, où la lumière elle-même est sombre, puisqu'elle n'éclaire pas les grands problèmes, et qui est pour l'esprit l'ombre inquiétante, l'*ombre athée*, partout Hugo sent à l'œuvre le mal. Jamais le pessimisme n'aurait trouvé un interprète plus pénétré et plus grandiose, si, par un vigoureux coup d'aile (car pourquoi n'emploierais-je pas cette image, que le poète des *Quatre vents de l'esprit* a retrouvée après le poète de *l'Imitation :*

L'Homme est un point qui vole avec deux grandes ailes,
Dont l'une est la pensée et dont l'autre est l'amour?)

si, par un vigoureux coup d'aile donc, il ne s'était élevé au-dessus de ces régions désolantes jusqu'à la sphère bénie du plus fortifiant optimisme. Mais, tant qu'il se torture à regarder le mal, quels sinistres tableaux ne nous donne-t-il pas ! Qui donc a mieux montré l'écroulement successif de toutes choses et le triomphe de cet universel souverain : le ver de terre? Qui a mieux montré l'homme aux prises avec la maladie et la mort? Qui a éprouvé une plus profonde tristesse devant la misère morale des hommes dont *le meilleur n'est pas bon* et pour qui les souvenirs sont des remords ?

> Le crâne du poète est un dôme effrayant,
> Où de sombres oiseaux volent en tournoyant.

L'écrivain qui a ainsi vu, senti et animé la nature, qui l'a interrogée avec tant d'angoisse, qui l'a vue agitée par le mal, mais, en définitive, dominée et pénétrée par Dieu, qui a mêlé la matière, l'esprit, le divin dans un si vivant ensemble, celui-là, certes, a donné à notre poésie, quoi qu'en aient pu dire tant de gens d'esprit qui, sur Hugo, se contentaient de faire de l'esprit, une profondeur qu'elle n'avait jamais eue à un pareil degré. Il a créé un merveilleux, ce qui a permis à la poésie épique de renaître; il a produit des symboles, non par un artifice littéraire, comme d'autres artistes, d'ailleurs fort grands, avant lui, mais par une démarche naturelle, néces-

saire, incessante de sa pensée ; il a mis partout des
personnifications et des mythes, si bien qu'on n'a
plus eu à regretter le temps où le ciel sur la terre

Marchait et respirait dans un peuple de dieux ;

il a fait surgir, à lui seul, plus d'images neuves,
splendides, éblouissantes que peut-être n'en avaient
conçu avant lui tous les poètes d'un peuple où l'imagination était tenue en tutelle. Un livre comme *la
Fin de Satan*, avec ses bizarreries sans doute, avec
ses obscurités, si l'on veut (mais infiniment moins
nombreuses que les critiques pressés ou superficiels
ne se l'imaginent), avec aussi ses vues profondes,
son symbolisme complexe, touffu et naturel, ses
mythes et ses images qu'on ne saurait nombrer, ses
beautés d'ordres si divers, depuis la musique déli-
cieusement aérienne de la *Chanson des Oiseaux* jusqu'aux malédictions de Barrabas sur Jérusalem, ou
au chaos monstrueux dans lequel s'enfonce l'ange
Liberté, ce livre est une conquête pour notre poésie,
et nous pouvons l'opposer avec fierté à telles œuvres étrangères, dont l'inspiration semblait auparavant inaccessible à l'esprit français.

Remarquons-le, en effet, grâce à Victor Hugo,
certaines des barrières qui nous séparaient de

l'étranger sont tombées. «Celui-là, dit Joseph Texte, a toute une lignée d'admirateurs et de disciples, depuis les Espagnols Espronceda et Zorrilla jusqu'au Polonais Slowacki et jusqu'à l'Anglais Swinburne... Freiligrath, Geibel, Leuthold, bien d'autres poètes étrangers l'ont imité. Chaque peuple l'a successivement réclamé pour l'un des siens. L'auteur d'un livre sur *V. Hugo en Amérique* affirme que «lorsqu'il est traduit en castillan, il semble qu'il se trouve parmi les siens et dans sa propre langue». Heine, de son côté, tout en voyant en lui le plus grand poète de la France, s'obstine à le dire le plus germanique des écrivains français». Joseph Texte n'a pas tout dit, et l'on pourrait ajouter que, si l'Allemand Heine germanise V. Hugo, l'Espagnol Emilio Castelar le revendique aussi pour l'Espagne : «Dans le génie de V. Hugo, il resplendit quelque chose de notre soleil», pendant qu'à l'autre extrémité de l'Europe les romanciers russes ont en partie emprunté des *Misérables* cette pitié et cette «religion de la souffrance humaine» qui ont assuré le succès universel de leurs romans. Mais qu'importe le nombre des témoignages à produire? N'est-il pas d'ores et déjà établi que V. Hugo, génie éminemment français, appartient cependant à cette «littérature du monde», où ont pris place les Cervantès et les Shakespeare ? et se peut-il une gloire plus grande pour un écrivain ?

IV

Après tant de raisons d'admirer Hugo, je n'ai plus qu'à signaler un certain nombre des raisons que nous avons de l'aimer.

Lui saurons-nous gré, d'abord, d'avoir, par tant d'odes éclatantes, célébré la gloire guerrière de la France pendant la terrible crise de la Révolution et de l'Empire ? Peut-être nous a-t-elle coûté cher, l'évocation de l'épopée impériale, et Victor Hugo lui-même a dû la regretter plus d'une fois, quand il en était réduit à opposer sans cesse dans ses vers enflammés Napoléon le Petit à Napoléon le Grand. Il n'est pas vrai qu'une victoire comme Marengo soit si éblouissante qu'elle doive faire lâcher le premier Bonaparte par Tacite ébloui : aucune victoire, aucune apothéose, ne désarme l'Histoire vis-à-vis des tyrans. Mais prenons garde, à notre tour, de ne pas commettre une autre imprudence et une autre injustice. Les soldats de l'an II portaient la

liberté dans les plis de leur drapeau, et les gro-
gnards même de l'Empire, s'ils servaient une
moins noble cause, n'en promenaient pas moins,
qu'ils en eussent ou non conscience, les principes
de la Révolution à travers l'Europe ; ils n'en incar-
naient pas moins le dévouement, l'héroïsme, le
culte de la Patrie ; et il y aurait aujourd'hui, de
notre part, quelque naïveté et quelque ingratitude
à paraître rougir de leur gloire devant les nations
que nous avons vaincues. Jurons-nous de ne pas
ressusciter le passé, mais, du moins, rendons-lui
justice ; disons, avec le poëte lui-même : guerre à
la guerre ! mais honorons ceux qui, condamnés à
la faire, y ont déployé — ou y déploient — les qualités les plus viriles de notre race.

C'est surtout pendant la première partie de sa
carrière que V. Hugo a employé à chanter la gloire
militaire un génie où l'inspiration épique et l'inspiration lyrique se fondaient avec une harmonieuse
puissance. Plus tard, au contraire, c'est l'horreur
et l'absurdité de la guerre qui l'ont frappé, et c'est
à combattre la guerre qu'il a consacré ses pages les
plus saisissantes et ses accents les plus convaincus.
Que les hommes, si misérables, en butte à tant
d'ennemis autour d'eux et en eux-mêmes, aient

«imaginé de s'entre-dévorer pour être plus heureux, meilleurs, plus grands, plus libres», voilà ce
qui confond, ce qui épouvante le poète de *Pleine
mer* et du *Satyre*. Il refuse même de distinguer la
guerre civile de la guerre étrangère : «La guerre
civile, qu'est-ce à dire ? Est-ce qu'il y a une guerre
étrangère ? Est-ce que toute guerre entre hommes
n'est pas une guerre entre frères ?»

Si jamais le démon de la guerre s'enfuit devant
l'indignation de l'humanité, si les nations se déci-
dent enfin à ne lutter que par le travail et la science,
si une vaste fédération réunit les peuples, il sera
de toute justice que, pour consacrer leur bonheur
par un acte de reconnaissance, les hommes rendent
un hommage attendri au poète qui aura le plus ardemment appelé de ses vœux cet avenir et qui aura
le plus fait pour habituer les esprits à le regarder
comme possible. Mais, en attendant, ceux-là commet-
traient une lourde erreur, qui se prévaudraient du
grand nom de Victor Hugo pour autoriser je ne sais
quelles théories malsaines, pour renier une patrie à
tant de titres glorieuse, pour souhaiter la disparition
de cette sublime personne morale qui a nom : la
France. Devant une pareille usurpation de son nom,

comme il frémirait dans sa tombe, le patriote qui s'écriait avec une adoration si passionnée en 1871 :

> Je voudrais n'être pas Français, pour pouvoir dire
> Que je te choisis, France, et que, dans ton martyre,
> Je te proclame, toi que ronge le vautour,
> Ma patrie et ma gloire et mon unique amour !

Comme il dirait à ces aveugles qui croient mieux assurer le progrès en en supprimant les instruments et les organes :

> La France est un besoin des hommes.
> Après sa chute, comme avant qu'elle tombât,
> L'immense cœur du monde en sa poitrine bat !

Victor Hugo a maudit l'armée quand elle se prêtait aux coups d'État ; il a protesté contre les abus de la force, quels qu'ils fussent ; mais il a toujours voulu que sa patrie fût grande, et il n'a admis l'effacement des frontières que pour le jour où tout l'azur du bien serait déjà entré dans l'homme.

Pour la France au XIXe siècle, après l'ancien régime, après la secousse révolutionnaire, après la transition de la monarchie constitutionnelle, un gouvernement lui semblait s'imposer, et il s'y est attaché de toutes les forces de son être : c'était la République. «Savez-vous, disait-il à l'Assemblée

Nationale le 17 juillet 1851, savez-vous ce qui fait la République forte? ce qui la fait invincible ? ce qui la fait indestructible?... C'est qu'elle est la somme du labeur des générations, c'est qu'elle est le produit accumulé des efforts antérieurs, c'est qu'elle est un résultat historique autant qu'un fait politique, c'est qu'elle fait pour ainsi dire partie du climat actuel de la civilisation ; c'est qu'elle est la forme absolue, suprême, nécessaire, des temps où nous vivons ; c'est qu'elle est l'air que nous respirons, et qu'une fois que les nations ont respiré cet air là, prenez-en votre parti, elles ne peuvent plus en respirer d'autre! Oui, ce qui fait que la République est impérissable, c'est qu'elle s'identifie d'un côté avec le siècle et de l'autre avec le peuple ! Elle est l'idée de l'un et la couronne de l'autre! »

Au reste, ne demandons pas trop de précision à la politique de Victor Hugo. En politique comme en philosophie, Hugo est resté un *songeur*, ayant plus d'intuitions qu'il ne faisait de raisonnements, plus apte à émettre des vues superbes qu'à édifier un système fortement lié. Lamartine, dans nos assemblées délibérantes, se vantait de ne siéger ni à droite, ni à gauche. mais au plafond ; Hugo, lui, surtout à la fin de sa vie, a volontiers siégé dans les nuages. Mais, ainsi qu'il l'a dit lui-même quelque part, c'est dans les nuages qu'est le tonnerre, et le tonnerre du poëte faisait souvent entendre de mémorables avertissements. La République, pour Hugo, c'était la liberté, la lumière, le souci des humbles, l'adoucissement de la pénalité, la fin de toutes les haines, sauf celle du mal et de la nuit ; c'était surtout l'amour et la fraternité :

> La République doit s'affirmer par l'amour,
> Par l'entrelacement des mains et des pensées,
> Par tous les lys s'ouvrant à toutes les rosées,
> Par le beau, par le bon, par le vrai, par le grand,
> Par le progrès debout, vivant, marchant, flagrant,
> Par la matière à l'homme enfin libre asservie,
> Par le sourire auguste et calme de la vie,
> Par la fraternité sur tous les seuils riant,
> Et par une blancheur immense à l'Orient.

Hugo avait horreur de la violence, il avait horreur du sang. Et sa philanthropie n'allait pas seulement jusqu'à ce point, où va facilement celle de tous les hommes : demander la vie de ceux qui lui étaient chers ou de ceux qui lui étaient indifférents, la vie d'un Barbès, ou la vie d'un Claude Gueux. S'il s'inclinait, frissonnant, devant la Révolution, devant ce Titan 93, dans lequel il voyait à la fois l'inévitable révolte d'un peuple comprimé, l'éruption fatale des principes de cruauté que l'ancien régime avait comme inoculés à la France, et un ouvrier terrible du progrès qu'avait envoyé Dieu même, il n'en proclamait pas moins que le meurtre, quelle qu'en fût la cause, était hideux, que Saint-Just poussant Danton au tombereau faisait la même œuvre sombre que Louis XIV exterminant les protestants des Cévennes, que le bien même doit être innocent, et que l'ère de l'apaisement est enfin venue. Même quand il maudissait le prince parjure qui, dans une nuit sinistre, avait étranglé la République et la liberté ; même quand, du haut de son rocher de Jersey, il lançait, farouche, «des blocs de poésie» contre l'Empire et l'Empereur, ou quand, apprenant que *l'homme* avait ri, il s'écriait, en tendant son poing vigoureux : « Ah ! tu finiras bien par hurler, misérable ! », même alors, si l'idée de punir de mort le tyran se présentait à l'esprit de ses compagnons d'exil ou au sien, il reculait, il protestait, et il écrivait ces beaux vers, qu'en nos jours où les passions s'excitent, où les colères montent, où d'abominables menaces souillent tant de bouches et déshonorent tant de plumes, il ne saurait être inutile de rappeler :

> Le Progrès, calme et fort et toujours innocent,
> Ne sait pas ce que c'est que de verser le sang.
> Il règne, conquérant désarmé, quoi qu'on fasse.
> De la hache et du glaive il détourne sa face...
> Peuple, jamais de sang !

C'est en partie à cette horreur de Victor Hugo pour la violence qu'il faut attribuer la lutte contre les religions qui a tenu tant de place dans les productions de ses dernières années. Il y a du fatras dans cette portion de son œuvre, et, lorsque nos querelles présentes se seront apaisées (si elles s'apaisent), nul doute qu'on n'en mette bien des pages parmi ces portions caduques dont j'ai dit un mot tout à l'heure. La polémique religieuse de Victor Hugo est un peu vieillotte pour un siècle qui a vu naître l'histoire des religions ; sur les prêtres, comme sur les rois, le poète, fort étranger à l'esprit scientifique, a accueilli sans critique aucune tous les racontages qui couraient les rues et les livres ; ajoutons qu'il avait contre les prêtres — et c'est M. Stapfer qui le remarque — une sorte de jalousie de caste, car il était un *mage*, lui aussi, il était un prêtre :

> Pourquoi donc faites-vous des prêtres
> Quand vous en avez parmi vous ?

Mais le poète avait aussi des motifs plus nobles d'entreprendre et de poursuivre cette campagne. Il croyait sincèrement la majesté de Dieu offensée par l'anthropomorphisme des diverses confessions religieuses, et il opposait en toute bonne foi sa religion aux religions. Surtout, ce qui l'animait, c'était le souvenir des persécutions, de l'intolérance, dont l'histoire religieuse lui fournissait tant de témoignages. Sous une forme passionnée, et qui elle-même pouvait paraître haineuse, c'était donc encore à la haine qu'il s'attaquait.

Mais, s'il faut proscrire la haine, il faut aussi proscrire tout ce qui, chez le peuple, la suscite et l'attise, « la dégradation de l'homme par le prolétariat, la déchéance de la femme par la faim, l'atrophie de l'enfant par la nuit », ce que l'auteur des *Misérables* appelle l'*asphyxie* ou la *damnation sociales*. Les sociétés humaines sont comme des navires qui laissent incessamment tomber dans l'Océan immense, où ils les abandonnent, des passagers, des âmes. Organisez le sauvetage, élevez les parapets, aménagez mieux l'entrepont ; profitez de tant de forces qui se perdent, si même elles ne se tournent contre vous !

Victor Hugo était-il socialiste ? Au sens propre

du mot, non, car il n'était collectiviste à aucun degré ; mais il a souffert de la souffrance du peuple, mais il s'est efforcé de montrer que la responsabilité de ses fautes remontait souvent à d'autres que lui, mais il a demandé que la grande affaire de notre temps fût de s'occuper de lui. « La vraie formule socialiste », lisons-nous dans *le Post-scriptum de ma vie* : « Rendre l'homme moral meilleur, l'homme intellectuel plus grand, l'homme matériel plus heureux. — Bonté d'abord, grandeur ensuite, enfin bonheur ». A cette formule qui ne souscrirait? et, quelque jugement qu'on puisse porter sur tel ou tel détail des œuvres sociales de Hugo, n'est-ce pas une noble passion qui lui a dicté ces œuvres ?

Une société, n'étant qu'une grande famille, a besoin, pour être solide, que la petite famille soit, elle aussi, solidement constituée dans son sein. Çà et là, dans l'œuvre de Hugo, on trouverait sur ce sujet quelques théories dangereuses. Mais quel admirable poète de la famille que l'auteur de *la Prière pour tous*, de *Ce qui se passait aux Feuillantines*, du *Parricide*, des *Pauvres gens*, de *l'Art d'être grand-père* !

Pierre à pierre, en songeant aux vieilles mœurs éteintes,
Sous la société qui chancelle à tous vents,
Le penseur reconstruit ces deux colonnes saintes,
Le respect des vieillards et l'amour des enfants.

On sait combien il a rempli ce programme, tracé
en 1837, le poète qui à ces magnifiques figures de
vieillards : Booz, Fabrice, le grand-père de Petit-
Paul, a opposé ou plutôt accolé tant de délicieuses
et touchantes figures d'enfants ! La majesté du
vieillard lui a paru aller de pair avec la majesté de
la nature elle-même :

> Le jour qui va finir vaut le jour qui commence.
> Le vieux pasteur rêvait sous cet azur si beau.
> L'Océan devant lui se prolongeait, immense
> Comme l'espoir du juste aux portes du tombeau.
>
> O moment solennel ! les monts, la mer farouche,
> Les vents faisaient silence et cessaient leur clameur.
> Le vieillard regardait le soleil qui se couche,
> Le soleil regardait le vieillard qui se meurt.

Et avec quelle finesse tendre, d'une tendresse
où il entre du respect et de l'adoration, Hugo a
suivi les premiers pas de l'enfant, écouté ses bé-
gaiements et ses réflexions, noté la douce tyrannie
qu'il exerce sur les plus rudes âmes ! Avec quelle

indignation généreuse il a flétri toutes les entreprises contre la vie, contre la joie, contre la mora-
lité de l'enfant !

Mais que seraient la société et la famille si l'in-
dividu lui-même était livré sans défense à toutes
les entreprises du doute et du mal ? si, « sous nos
brumes maudites », il n'avait pas de lueur ou de
boussole pour se diriger ? Sans doute, il est bon,
il est nécessaire que le devoir soit parfois obscur
pour nous, que la passion et l'intérêt jettent sur lui
comme un voile, et que notre liberté se débatte
contre des difficultés sans nombre ; c'est à ce prix
seulement que nous pouvons acquérir dignité et
grandeur :

> Où serait le mérite à diriger sa route,
> Si l'homme, voyant clair, roi de sa volonté,
> Avait la certitude, ayant la liberté ?
> Non, il faut qu'il hésite en la vaste nature,
> Qu'il traverse du choix l'effrayante aventure....
> Le doute le fait libre, et la liberté grand.

Mais l'homme possède cependant une boussole
sur laquelle il doit toujours tenir ses yeux fixés ; il
entend une voix salutaire, qu'il doit écouter seule
au milieu des bruits discordants qui le déconcertent
et l'égarent ; il a en main une arme puissante qu'il

doit sans relâche fourbir et améliorer. Cette boussole, cette voix, cette arme, c'est la conscience. Victor Hugo, depuis l'exil, a eu un goût prononcé pour les cas de conscience, dont il a fait une étude dramatique, et les *tempêtes sous un crâne* constituent l'intérêt le plus haut comme le plus vif de ses romans. Dans ses œuvres lyriques, il a multiplié les symboles de la conscience: l'œil ouvert sur Caïn ou la goutte de sang qui tombe sur Kanut. Dans ses recueils lyriques, les beaux vers s'offrent par centaines, où la plus pure doctrine morale tantôt se condense en aphorismes d'une précision lumineuse et forte, tantôt se développe en images auxquelles leur éclat splendide n'enlève rien de leur justesse et de leur portée. Nul sans doute n'a mieux et plus souvent dit que la souffrance et l'injure n'importent pas, pourvu qu'on ait obéi à la loi morale :

J'ai rempli mon devoir, c'est bien, je souffre heureux.....

Le monde passe ingrat, vain, stupide et moqueur.
Le blâme intérieur, Dieu juste, est le seul blâme.
La caresse que fait la conscience au cœur
Fait saigner notre chair et rayonner notre âme.

Être honnête, c'est être juste, et V. Hugo préconise sans cesse la justice. Mais il exalte plus encore

la bonté et la pitié. Souvent, la justice et la pitié
entrent en conflit ; souvent, il y aurait lieu de faire
prévaloir la justice, dont le rôle est éternel et l'influence en définitive salutaire, sur la pitié, dont
l'intervention est passagère et les conséquences
incertaines : il est rare que V. Hugo s'y résigne. A
être juste il préfère être pitoyable, ou plutôt il croit
que la pitié c'est de la justice encore, et qu'on est
innocent quand on est malheureux. Théorie fausse,
mais que notre dureté naturelle empêche peut-être
d'être dangereuse, et qui part d'un instinct de bonté
vraiment touchant. Elle a conduit le poète à une
autre théorie plus remarquable, à celle de la *pitié
suprême*, de la pitié pour la haine et pour le mal.
Et ici encore nous aurions à faire une réserve, car,
pour le méchant endurci comme pour l'honnête
homme qui chancelle, pour le tyran comme pour
le citoyen, il importe à la morale que la notion de
la responsabilité ne soit pas détruite, et V. Hugo
paraît y renoncer quelquefois. Mais il est juste
aussi de tenir compte au méchant et au despote de
tout ce qui a pesé sur eux pour les incliner au mal
ou à la cruauté, et il est beau de dédaigner assez
la vaine splendeur qui les entoure, les prétendues
joies où ils se plongent, pour ne voir en eux qu'une

misère morale à plaindre et qu'une infortune à con-
soler.

A trouver ainsi dans le témoignage d'une bonne
conscience une compensation pour tous les maux,
le poète de l'infirmité humaine se rassérène. A son
tour, le peintre effrayant de la mort ne veut plus
voir dans la mort qu'une délivrance et, au lieu
d'une fin lugubre, qu'un radieux commencement :

Ne dites pas : mourir; dites : naître; croyez.

Enfin, l'ennemi de la guerre, de la violence, de
la haine, de la misère se persuade qu'elles dispa-
raîtront et que le progrès décisif s'accomplira. Un
combat s'est livré dans l'âme du poète entre la nuit
et le jour, entre le pessimisme et l'optimisme : c'est
le jour et c'est l'optimisme qui ont triomphé.

Comment le progrès décisif s'accomplira-t-il? Le
poète ne le sait guère : il invoque la raison, il invoque la science, il compte sur Dieu ; il fait appel
aussi à la bonne volonté des hommes ; et pourquoi
cette bonne volonté ne répondrait-elle pas à son
appel? C'est faire reculer le mal que de vouloir
énergiquement qu'il disparaisse ; c'est déjà forcer
le bien à naître que de prophétiser avec conviction
sa venue. A répéter cette prophétie Hugo a mis un

doux et sublime entêtement. Dans ses livres les plus sombres, dans ses poëmes les plus terribles, toujours revient cette vision consolante : le général Gauvain la contemple avant de monter sur l'échafaud dans *Quatre-vingt-treize* : l'insurgé Enjolras fixe sur elle son beau regard avant d'être fusillé dans *les Misérables ;* le Satyre, qui vient d'exposer la navrante histoire de l'homme, la présente aux dieux effrayés dans *la Légende des Siècles.* Et le poète lui-même s'en enivre dans le poème *la Révolution,* quand vient de s'achever la tragédie du 21 janvier 1793 ; il s'en enivre à la fin des *Châtiments,* quand «ces pages inflexibles» vont se fermer :

Les temps heureux luiront, non pour la seule France,
Mais pour tous. On verra, dans cette délivrance,
  Funeste au seul passé,
Toute l'humanité chanter, de fleurs couverte,
Comme un maître qui rentre en sa maison déserte
  Dont on l'avait chassé.....

L'arbre saint du Progrès, autrefois chimérique,
Croîtra, couvrant l'Europe et couvrant l'Amérique,
  Sur le passé détruit,
Et, laissant l'Éther pur luire à travers ses branches,
Le jour, apparaîtra plein de colombes blanches,
  Plein d'étoiles, la nuit.

Et nous qui serons morts, morts dans l'exil peut-être,
Martyrs saignants, pendant que les hommes, sans maître,
          Vivront plus fiers, plus beaux,
Sous ce grand arbre, amour des cieux qu'il avoisine,
Nous nous réveillerons pour baiser sa racine
          Au fond de nos tombeaux.

MESDAMES, MESSIEURS,

Lorsque, il y a **22** ans, la presse, après la Comédie Française, célébra ce qu'on a appelé «les noces d'or d'Hernani avec la gloire», à la fin d'un banquet solennel, Émile Augier se leva, et, illustre lui-même, il dit à V. Hugo: «Cher Maître, c'est la postérité qui vous entoure ici ; c'est elle qui vous salue et qui vous porte ce toast : *Au Père !*»

Eh bien, oui, au Père ! Car, quoi que son génie ait eu d'incommunicable, trois générations déjà ont été assez redevables à V. Hugo pour ne lui pas refuser ce titre. Que ne lui devez-vous point, Parnassiens, pour qui il a forgé le vers brillant, solide et souple des *Poèmes barbares* comme des *Intimités*, des *Trophées* comme de *la Justice ;* et vous, qui preniez le nom étrange de décadents, et à qui

il avait enseigné — je ne dis pas: appris — la
valeur musicale des mots ainsi que l'art d'enrichir,
de nuancer la langue sans l'altérer ; et vous, sym-
bolistes ingrats, qui, tout en le reniant, l'aviez pris
pour guide au milieu des forêts de symboles que
constitue la nature ; et vous, puissant historien des
Rougon-Macquart, qui avez âprement combattu le
romantisme et son coryphée, qui avez eu vos ten-
dances propres, en effet, quelques-unes assez fâcheuses, mais qui ne vous en rattachez pas moins,
par votre réalisme à la *Préface de Cromwell*, par
votre symbolisme à *la Légende des Siècles*, par votre
souci du peuple aux *Misérables* ; et vous, jeune
poëte applaudi, qui, dans un drame dont il vous a
fourni le titre, avez fait gémir les morts de Wa-
gram autour du duc de Reichstadt, comme il avait
fait gémir toutes les victimes de la royauté autour
de la statue en marche d'Henri IV ? Que ne lui
devez-vous point, politiques à qui il a montré un
idéal ; patriotes qu'il a réconfortés ; nations dont il
a couvé avec amour la fraternité future ; malheureux qu'il a aimés, poétisés et défendus ? Que ne
lui devons-nous point tous, lettrés et même igno-
rants, qui avons vécu à le lire tant d'heures d'en-
thousiasme, et qui sur ses vers transportants avons

si souvent versé de ces larmes qui ennoblissent?
Le poète écrivait à George Sand en 1862: «Je suis
sûr, sinon de ce que je fais, du moins de ce que je
veux ; je suis sûr de mon cœur, qui est tout à la
justice, tout à l'idéal, tout à la raison, tout à ce qui
est grand, généreux, beau et vrai». En coûte-t-il
beaucoup de fermer les yeux, en bons fils, sur les
quelques défauts et sur les quelques faiblesses de
l'homme qui, à bon droit, a pu se rendre un pareil
témoignage? Et n'est-ce pas surtout cet amour du
vrai, du beau, du généreux et du grand qu'il nous
faut recevoir de lui comme un héritage sacré?

www.ingramcontent.com/pod-product-compliance
Ingram Content Group UK Ltd.
Pitfield, Milton Keynes, MK11 3LW, UK
UKHW031804170726
13836UKWH00003B/1183